Stefanie Zysk

So werdet ihr die besten Freunde.

Meine Meerschweinchen

Verstehen und Erleben. Malen und Gestalten.

Stopp!

Schon gewusst?

Schweinchen ahoi!
Spanische Seefahrer brachten die ersten Meerschweinchen aus Südamerika nach Europa. Weil die kleinen Nager so ähnlich quiekten wie unsere Hausschweine, bekamen sie den Namen Meerschweinchen. Der wissenschaftliche Name des Meerschweinchens ist „Cavia porcellus".

Liebe Eltern!

Auch wenn Ihr Kind seine Meerschweinchen noch so lieb hat, kann es die Haltung und Pflege nicht allein übernehmen. Unterstützen Sie Ihr Kind und helfen Sie dabei, die Meerschweinchen gut zu versorgen. Ihr Kind lernt dadurch, Verantwortung für ein anderes Lebewesen zu übernehmen und es richtig zu pflegen. So werden sich die neuen Freunde schnell eingewöhnen und der ganzen Familie viel Freude bereiten.

Wichtiges für Meerschweinchen-Freunde!

Endlich! Bestimmt hast du dir schon lange ein Heimtier gewünscht. Und jetzt hast du nicht nur eines, sondern gleich zwei! Oder vielleicht sogar drei? Meerschweinchen sind Rudeltiere und vereinsamen, wenn du sie alleine hältst. Auch wenn du dich noch so gut um dein Meerschweinchen kümmerst, kannst du ihm den Artgenossen nicht ersetzen. Deshalb müssen Meerschweinchen mindestens zu zweit gehalten werden.

Für deine Meerschweinchen ist es sehr aufregend, wenn sie neu bei dir sind. Sie müssen sich erst an dich und dein Zimmer gewöhnen. Gib ihnen also Zeit und Ruhe! Achte darauf, dass der Käfig sauber ist und stets frisches Futter, Heu und Wasser bereitstehen. Sobald sie dich besser kennengelernt haben, werden sie sich gerne von dir streicheln lassen und mit dir spielen.

Das findest du in diesem Buch

Hallo, da sind wir!

Ran ans Futter

Komm, lass uns spielen

Das bin ich

Mein Name ist …

Herkunft:	Südamerika
Länge:	20 bis 35 cm
Gewicht:	Männchen 1 bis 1,4 kg Weibchen 700 g bis 1,1 kg
Felllänge:	kurz- oder langhaarig
Fellfarbe:	schwarz, braun, rot, weiß
Lebenserwartung:	5 bis 8 Jahre
Geschlechtsreife:	mit ca. 2 Monaten
Ausgewachsen:	mit 8 bis 12 Monaten
Zähne:	20, jeweils 2 Schneidezähne und 8 Backenzähne im Ober- und Unterkiefer
Wurfgröße:	1 bis 7 Jungtiere, in der Regel 2 bis 5 Jungtiere
Tragzeit:	59 bis 72 Tage dauert es, bis die Jungen geboren werden

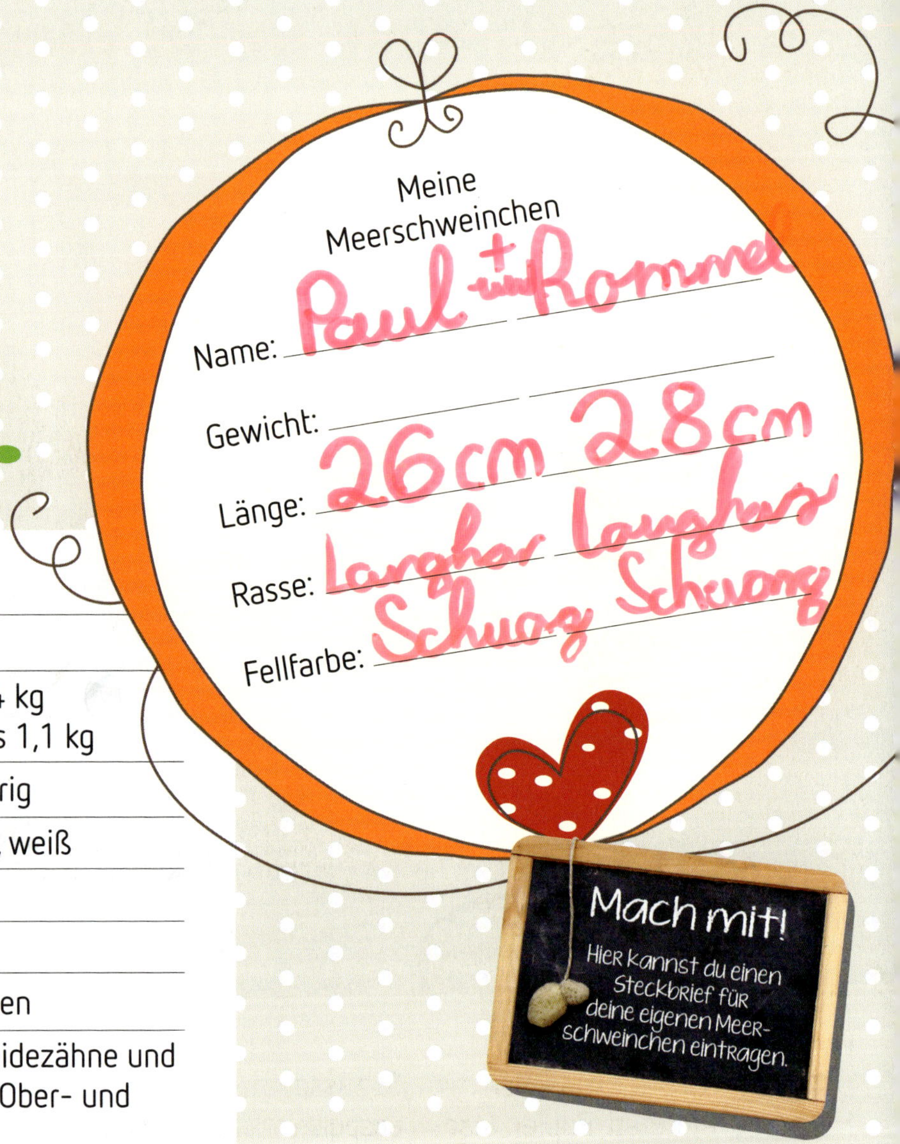

Stopp!
Schon gewusst?

Junge oder Mädchen?
Bei jungen Meerschweinchen ist es nicht einfach, das Geschlecht zu bestimmen. Du kannst einen erfahrenen Zoohändler oder Tierarzt fragen. Es ist wichtig zu wissen, ob deine Meerschweinchen Männchen, Weibchen oder gar ein Pärchen sind, sonst könntest du ganz schnell Nachwuchs bekommen.

Länge und Gewicht

Locke dein Meerschweinchen mit Futter auf ein Blatt Papier. Markiere vorne und hinten mit einem Stift. Danach kannst du mit einem Lineal die Länge abmessen. Für das Wiegen brauchst du eine Küchenwaage. Du kannst die Schüssel mit einem Handtuch auspolstern und dein Meerschweinchen vorsichtig hineinsetzen. Falls es unruhig ist, legst du noch ein Leckerli dazu. Das Gewicht des Handtuchs musst du natürlich abziehen!

Meine Meerschweinchen-Familie

Mach mit!

Wie sehen deine Meerschweinchen aus? Hier ist Platz für ein Foto!

Langhaar Meerschweinchen

Rosettenmeerschweinchen

Schopf-Meerschweinchen

Glatthaarmeerschweinchen

Langhaarmeerschweinchen

Hausmeerschweinchen stammen aus Südamerika. Sie wurden schon 2.000 Jahre vor Christus aus wilden Meerschweinchen gezüchtet. Heute gibt es verschiedene Rassen. Am häufigsten ist das Glatthaarmeerschweinchen. Beim Rosettenmeerschweinchen stehen die Haare durch Wirbel vom Körper ab.

Schopf-Meerschweinchen haben glatte Haare, aber einen Schopf auf der Stirnmitte. Meerschweinchen mit einem langen Fell gehören zu den Langhaarrassen.

Während das wilde Meerschweinchen immer braun gefärbt ist, kann das Hausmeerschweinchen verschiedene Farben haben.

Zeichne
deine Meerschweinchen!

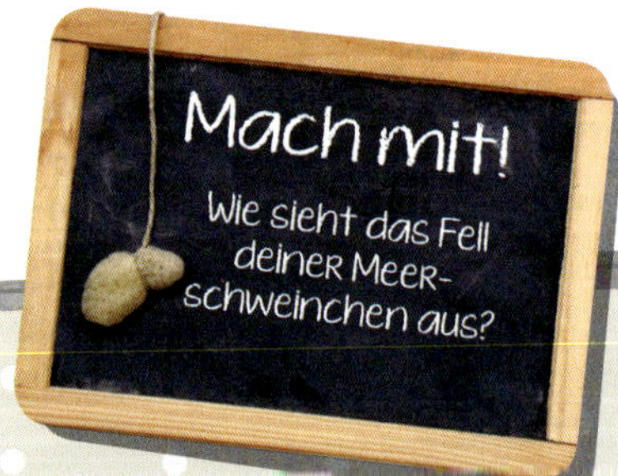

Meine Meerschweinchen-
Freunde

Meine Meerschweinchen heißen ____________________ ☐ Männchen / ☐ Weibchen

____________________ ☐ Männchen / ☐ Weibchen

Ich habe meine Meerschweinchen am ____________________ bekommen.

Besondere Kennzeichen meiner Meerschweinchen sind: ____________________

Meine Meerschweinchen essen am liebsten: ____________________

Das mögen meine Meerschweinchen gern: ____________________

Und das mögen sie gar nicht: ____________________

Was für Geräusche machen meine Meerschweinchen: ____________________

Die meiste Zeit verbringen meine Meerschweinchen mit ____________________

Meine Meerschweinchen spielen am liebsten mit ____________________

Meine Meerschweinchen sind meine Freunde, weil ____________________

Auf ins Zoogeschäft

Alles, was du brauchst:

- ☐ Geräumiger Käfig mit Bodenschale und abnehmbarem Gitteroberteil
- ☐ Für jedes Meerschweinchen ein Schlafhäuschen
- ☐ Futternapf für Frischfutter
- ☐ Wassernapf
- ☐ Turn-/Spielgeräte (Wurzelstücke, Rampen, Tonröhren)
- ☐ Nageholz
- ☐ Heuraufe
- ☐ Einstreu: Holzspäne und/oder Stroh
- ☐ Ziegelsteine

Stopp!
Schon gewusst?

Der Käfig für zwei Meerschweinchen sollte etwa eine Größe von 140 x 70 x 50 cm (Breite x Länge x Höhe) haben, denn wenn es zu eng ist, fangen sie an, sich zu streiten. Außerdem braucht jedes Tier ein eigenes Schlafhäuschen!

Alles tipptopp!

Damit sich deine Meerschweinchen in ihrem neuen Zuhause wohlfühlen, solltest du den Käfig immer sauber halten. Ein ungeputztes Gehege riecht äußerst unangenehm. Außerdem kann es der Nährboden für gefährliche Keime sein, die deine Meerschweinchen krank machen. Achte also auf Folgendes:

- Einstreu 1 x pro Woche wechseln.
- Unterschale 1 x pro Woche reinigen.
- Wassernapf jeden Tag mit klarem Wasser spülen und neu füllen.
- Futterreste täglich entfernen.
- Futterschale täglich mit klarem Wasser ausspülen und neu füllen.

Die ersten Tage

1.

Stelle den Käfig auf Augenhöhe, denn deine Meerschweinchen erschrecken sich, wenn du dich über sie beugst.

2.

Rede leise mit deinen Meerschweinchen, damit sie sich an deine Stimme gewöhnen.

Deine Meerschweinchen sind am Anfang noch scheu und vorsichtig. Sie verstecken sich in ihren Häuschen und erkunden erst nach und nach ihren Käfig. Aber bald werden sie neugierig herumlaufen, sich putzen und zufrieden grunzen. Nun kannst du dich vorsichtig dem Käfig nähern, damit sie sich an dich gewöhnen und nicht mehr in ihre Häuschen flitzen. Du brauchst ein wenig Geduld, bis deine Meerschweinchen dich besser kennengelernt haben. Mit diesen Tipps werden sich deine Meerschweinchen schnell mit dir anfreunden:

3.

Locke sie mit Apfel- oder Karottenstückchen an. Versuche aber noch nicht nach ihnen zu greifen, sonst laufen sie weg.

Stopp!
Schon gewusst?

So trägst du dein Meerschweinchen
Schiebe eine Hand unter die Brust des Meerschweinchens, die andere unter sein Hinterteil. Jetzt kannst du es vorsichtig hochheben.

5.

Lass die Meerschweinchen ausgiebig an dir schnuppern, damit sie deinen Geruch kennenlernen.

4.

Fressen sie ohne Angst aus deiner Hand, kannst du sie streicheln. Kraule sie ganz vorsichtig.

6.

Wenn ihr euch aneinander gewöhnt habt, kannst du dein Meerschweinchen vorsichtig auf den Arm nehmen.

Achtung!

Meerschweinchen nagen gerne – auch an Stromkabeln. Das ist für Tier und Mensch gefährlich! Offene Türen und Schubladen könnten zufallen und deine Meerschweinchen einklemmen oder verletzen. Balkon- und Terrassentüren sollten immer geschlossen sein, damit deine Meerschweinchen nicht herunterfallen oder entwischen können. Entferne die Zimmerpflanzen, denn einige sind giftig; die Meerschweinchen knabbern womöglich daran und könnten krank werden.

Mein Zimmer – meerschweinchensicher

Meerschweinchen möchten ganz viel rennen und flitzen. Lass sie daher täglich in deinem Zimmer laufen. Dafür musst du dein Kinderzimmer allerdings „meerschweinchensicher" machen, damit deinen Lieblingen nichts passieren kann. Außerdem solltest du sie nie allein laufen lassen, sonst stellen sie vielleicht Unsinn an. Es macht viel Spaß, die Tiere zu beobachten, denn sie sind so unterschiedlich wie deine Freunde und du: mutig, vorsichtig, verspielt, verschmust ...

Leider sind die meisten Meerschweinchen nicht stubenrein. Daher sollte der Boden leicht zu reinigen sein. Manche Schweinchen benutzen im Käfig eine Kloecke. Dann kann man ihnen eine flache Plastikschale mit benutzter Einstreu im Zimmer bereitstellen. Wenn deine Meerschweinchen diese Toilette benutzen, belohnst du sie mit einer Leckerei. Am besten mit einem Stückchen Obst oder Gemüse, das sie besonders gerne fressen.

Ausflug ins Grüne

Achtung!

Sicher im Freien

Darauf musst du bei einem Außengehege achten: Du solltest unbedingt eine Abdeckung zum Schutz vor Greifvögeln, Mardern, Füchsen und freilaufenden Haustieren (Katzen, Hunden) anbringen. Die Wiese darf nicht frisch gedüngt oder mit Insektenvernichtungsmitteln behandelt sein. Schatten ist wichtig, weil Meerschweinchen Hitze (Temperaturen über 28 °C) nicht gut vertragen.

Stopp!

Schon gewusst?

Vorsicht, frisches Grün!

Meerschweinchen sollten Gras und Wiesenkräuter schon gewöhnt sein, ehe sie nach draußen kommen. Achte anfangs darauf, dass deine Meerschweinchen nicht zu viel Grünfutter fressen. Sie müssen sich erst langsam daran gewöhnen!

Im Sommer machen deine Meerschweinchen gerne einen Ausflug nach draußen. Im Zoohandel gibt es zwar Außengehege zu kaufen, aber sicherer für deine Meerschweinchen ist ein stabiles Freigehege. Gemeinsam mit einem Erwachsenen kannst du es selber bauen. Statte das Gehege mit einem Häuschen für jedes Meerschweinchen und einer wassergefüllten Tränke aus. Mit Wurzeln, Zweigen und Steinen kannst du ein richtiges Gartenparadies für deine Meerschweinchen gestalten!

Herbarium

Mach mit!
Meerschweinchen lieben Kräuter! Presse Pflanzen, die du auf vielen Wiesen findest, und klebe sie ein!

Stopp!
Schon gewusst?

Du solltest für deine Meerschweinchen nur Pflanzen pflücken, die weder an stark befahrenen Straßen stehen noch mit Spritzmitteln belastet sind.

Löwenzahn

Gänseblümchen

Wegerich

Erdbeerblätter

Hirtentäschelkraut

Achtung!

Klee darf nur in kleinen Mengen gefüttert werden. Giftige Pflanzen wie zum Beispiel Maiglöckchen, Narzissen, Herbstzeitlose, Hahnenfuß, Lupinen, Farne sollten sich nicht im Bereich des Geheges befinden.

Meerschweinchen futtern ständig, vor allem viel, viel Heu. Daran knabbern sie rund um die Uhr, denn die darin enthaltenen Fasern sind wichtig für ihre Verdauung.
Außerdem brauchen Meerschweinchen jeden Tag reichlich Frischfutter. Dazu gehört Grünfutter wie Kräuter und Gras, aber auch Gemüse und kleine Mengen Obst. Das Frischfutter sorgt für eine ausreichende Versorgung mit Vitamin C. Gelegentlich kannst du ein wenig Trockenfutter (ohne Getreidekörner) geben. Mit ein paar Ästen von Obstbäumen, Weide oder Haselnuss ist der Speiseplan perfekt.

Das fressen **meine Meerschweinchen** am allerliebsten

Stopp!
Schon gewusst?

Den ganzen Tag hungrig
Meerschweinchen haben einen „Stopfdarm“. Nur wenn sie ständig fressen, bleibt ihre Verdauung in Gang. Deshalb nimmt ein Meerschweinchen 40 bis 60 kleine Mahlzeiten pro Tag zu sich.

Mach mit!
Zeichne hier das Lieblingsfutter deiner Meerschweinchen ein!

Meine Meerschweinchen-Speisekarte

Stopp!
Schon gewusst?

Möchtest du deinen Meerschweinchen ein neues Futter anbieten, bitte erstmal nur in kleinen Mengen füttern. So kann sich der Magen des Meerschweinchens daran gewöhnen. Achte darauf, dass immer genug Wasser im Napf ist und wechsle es täglich. Es könnten sich darin Keime sammeln und deine Meerschweinchen werden krank. Manche Meerschweinchen bekommen aus einer Trinkflasche nicht genug Wasser heraus, aus einem Napf können sie besser trinken.

Achtung!

Das dürfen meine Meerschweinchen NICHT fressen:
Rohe Kartoffeln und Bohnen, Weiß-, Rot-, Wirsing- und Rosenkohl, altes Brot, Süßigkeiten, Chips und Kuchen.

Mach mit!

So ernährst du deine Meerschweinchen gesund! Male das richtige Futter auf!

Heu
Immer zur freien Verfügung

Grünfutter
Löwenzahn, Gras, Kräuter
2 x pro Tag eine große Schüssel

Obst und Gemüse
Pro Tag zwei deiner Hände voll Gemüse und ein kleines Stückchen Obst.

Kraftfutter
Nur in Ausnahmefällen

Mini-Futtergarten selbstgemacht

Tipp!

Nicht jeder besitzt einen Garten, in dem die Meerschweinchen herumlaufen und frisches Gras fressen können. Du kannst aber einen kleinen Futtergarten auf dem Balkon oder Fensterbrett anlegen. Das geht ganz einfach.

Dafür brauchst du

Nur einen Balkonkasten oder einen großen Blumentopf und Katzengrassamen.

So wird´s gemacht

Fülle Erde in den Blumentopf und streue die Katzengrassamen darauf. Drücke die Samen leicht an und halte die Erde immer feucht. Nach einigen Wochen können deine Meerschweinchen leckeres Gras frisch aus dem Topf fressen. Wenn du den Topf noch bunt bemalen möchtest, achte darauf, dass die Farben für Tiere ungiftig sind.

Stecke Frischfutter in
eine Toilettenpapierrolle
und fülle beide Seiten
mit Heu auf.

Gefüllte Toilettenpapierrolle

Futterketten

Fädle Obst- und Gemüse-
stücke auf einen Bastfaden.
Befestige die beiden Enden
des Fadens am Käfiggitter.

Leckere

Fülle einen Karton
mit viel Heu und
verstecke darin
kleine Obst- und
Gemüsestückchen

Mit dem Essen spielt man doch!

Heu

Knabberroulade

Futterbaum

Rolle Karotten- oder Apfelstücke in Kohlrabi- oder Chinakohlblätter ein und binde die Roulade mit einem Bastfaden zusammen.

Stecke einige Zweige in die Löcher eines Ziegelsteins und spieße Frischfutter auf die Zweigenden.

Spiele
selbst gemacht

Stopp!
Schon gewusst?

Praktische Steine!
Du kannst einen Ziegelstein in den Käfig oder in den Freilauf legen. Wenn deine kleinen Nager darüberklettern, werden die Krallen abgenutzt und du musst sie nicht so oft vom Tierarzt kürzen lassen.

Mach mit!
Hier kannst du ganz einfach selber Spielzeug für deine Freunde bauen.

Pfoten-Erlebnispfad
Baue deinen Meerschweinchen einen Pfoten-Erlebnispfad. Du kannst ihn aus Rindenmulch, Erde, Sand, verschiedenen Steinen, Kieselsteinen, Laub oder Stroh gestalten. Das wird ein tolles Erlebnis für deine kleinen Freunde!

Hindernisparcours
Meerschweinchen freuen sich über Abwechslung. Baue ihnen einen Hindernisparcours in deinem Zimmer! Aus Zweigen, Kartons, Röhren, Brettchen, Blumentöpfen und Holzklötzen kannst du Treppen, Brücken und Rampen basteln.

Weitere Spielidee:

Buddelkiste
Fülle eine Holzkiste mit Sand, Heu, Erde, Rindenmulch oder trockenem Laub. Das wird ein Buddelspaß!

Kartonhäuser
Meerschweinchen verstecken sich gerne in Höhlen, um sich auszuruhen. Sammle unbedruckte Kartons verschiedener Größe und schneide Türen und Fenster hinein. Fülle die Kartons mit Heu, dann wird es für deine Meerschweinchen richtig kuschelig.

Rampe aus Holz
Vielleicht möchten deine Meerschweinchen gerne über eine Rampe auf ihr Schlafhaus klettern. Du brauchst ein Brett aus unbehandeltem Holz. Lehne es als Rampe an das Haus – der Weg darf aber nicht zu steil sein.

Zeit für Rätsel

Meerschweinchen-Labyrinth
Meerschweinchen Max ist müde. Hilf ihm den Weg zu seinem Schlafhäuschen zu finden.

Meerschweinchen-Sudoku
Jedes Bild darf in einer Reihe, in einer Spalte und in einem Viererfeld jeweils nur einmal vorkommen. Schaffst du es, das Sudoku zu lösen?

Meerschweinchen – Kreuzworträtsel

Hast du das Rätsel richtig gelöst, weißt du woher die Meerschweinchen kommen.

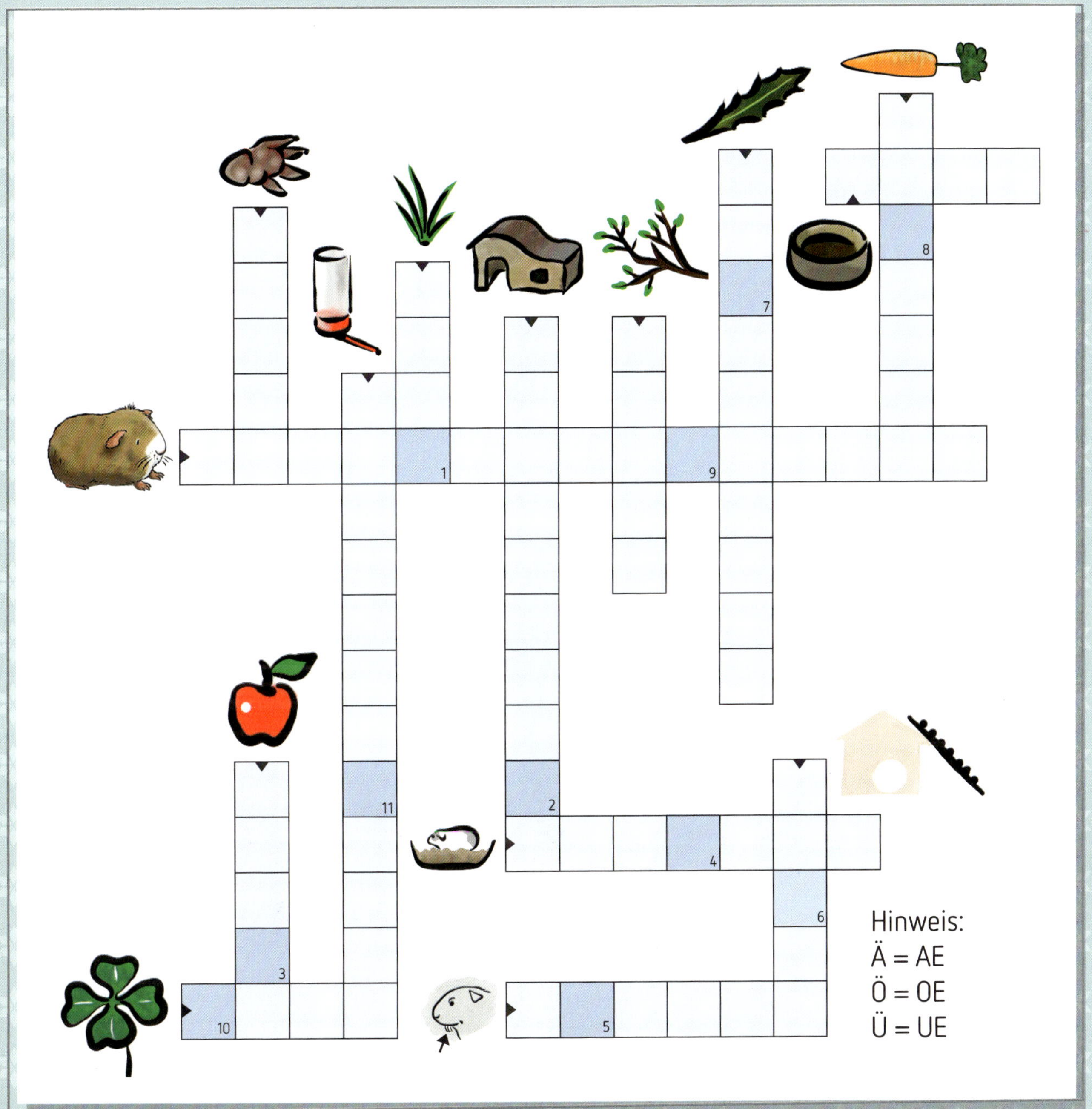

Oben senkrecht: PFOTE, TRINKFLASCHE, GRAS, SCHLAFHAUS, ZWEIG, LOEWENZAHN, KAROTTE.
Unten senkrecht: APFEL, RAMPE. Waagerecht: NAPF, MEERSCHWEINCHEN, KLEE, SANDBAD, ZAEHNE.

1	2	3	4	5	6	7	8	9	10	11

Lösungswort

Stopp!
Schon gewusst?

Besondere Pfoten
Betrachte die Pfoten deines Meerschweinchens beim Schmusen doch einmal genauer! Ist dir schon aufgefallen, dass Meerschweinchen vier Zehen an den Vorderpfoten, aber nur drei Zehen an den Hinterpfoten haben?

Kuscheln und

Schmusen

Achtung!

Ruhe bitte!
Meerschweinchen mögen keinen Krach, laute Musik und Geschrei. Du solltest ruhig mit ihnen umgehen, um sie nicht unnötig zu erschrecken.

Meerschweinchen haben zarte Knochen. Streichle sie nur ganz vorsichtig und behutsam. Am besten fährst du mit der flachen Hand sanft von den Ohren in Richtung Popo. Manche Meerschweinchen mögen es gerne, wenn du sie behutsam zwischen den Ohren kraulst. Die Brust ist empfindlich, sei hier ganz vorsichtig. Wenn sich ein Tier sträubt, solltest du es freilassen. Meerschweinchen beißen zwar nur selten. Wenn sie jedoch vor Angst quietschen oder mit den Zähnen klappern, möchten Meerschweinchen lieber in Ruhe gelassen werden.

Verstehst du die Meerschweinchensprache?

Die wilden Verwandten unserer Meerschweinchen leben in freier Natur in Gruppen zusammen. Sie verständigen sich untereinander mit einer ganz eigenen Sprache. Sie besteht aus vielen verschiedenen Lauten, aber auch aus bestimmten Bewegungen. Willst du wissen, was sie sagen? Dann beobachte deine Meerschweinchen genau, wie sie miteinander umgehen.

Was bedeuten die verschiedenen Laute?

Grunzen
„Mir geht es gut, ich bin zufrieden."

Lautes Quieken
„Ich habe Hunger! Wann gibt es etwas zu fressen?"

Gurren
„Ich bin ängstlich."

Zirpen
„Ich bin überfordert und gestresst."

Schrilles Pfeifen
„Aua! Das tut mir weh!"

Zähneklappern
„Vorsicht, ich warne dich! Ich bin wütend."

Stopp!
Schon gewusst?

Popcornen
Wenn Meerschweinchen sich wohl fühlen oder übermütig sind, machen sie gerne wilde Luftsprünge. Dabei springen sie mit allen vier Füßen gleichzeitig in die Luft – bis zu 25 cm hoch. Das sieht dann aus wie poppende Maiskörner und wird deshalb „Popcornen" genannt.

Was machen deine Meerschweinchen, wenn du ins Zimmer kommst?

Was erschreckt deine Meerschweinchen?

Welche Geräusche machen deine Meerschweinchen?

Mach mit!
Wie verständigen sich deine Meerschweinchen? Hier kannst du es eintragen!

Was bedeutet die Körpersprache?

Luftsprünge
„Ich fühle mich sauwohl und habe Spaß!"

Aufbäumen
„Vorsicht, Freunde! Hier bin ich der Größte!"

Gitter knabbern
„Mir ist langweilig. Ich brauche Abwechslung."

Starre
„Ich habe furchtbare Angst! Lass mich in Ruhe."

Flüchten
„Hilfe! Weg hier! Ich habe mich erschreckt."

Gänsemarsch
„Ich bin unsicher und kenne mich hier nicht aus."

Meerschweinchen pflegen

Diese Krallen sind zu lang!

Zähne regelmäßig kontrollieren!

Apfel	☐
Birne	☐
Kirsche	☐
Haselnuss	☐
Johannisbeere	☐

Mach mit!
Welche Äste zerknabbern deine Meerschweinchen am schnellsten? Kreuze die Holzart an.

Krallenschneiden
Wilde Meerschweinchen buddeln, scharren oder graben viel, dabei nutzen sich die Krallen ab und bleiben kurz. Bei deinen kleinen Freunden ist das nicht der Fall, die Krallen müssen gekürzt werden, sonst stören sie beim Laufen. Das Krallenschneiden sollte ein Tierarzt oder deine Eltern übernehmen.

Zahnpflege
Meerschweinchen sind Nagetiere. Ihre Zähne wachsen jeden Monat fünf bis sechs Millimeter. Werden die Zähne zu lang, kann das Meerschweinchen nicht mehr richtig fressen. Du solltest ihm daher immer frische Äste in den Käfig legen. Durch das Nagen wetzen sich die Zähne ab und bleiben gesund.

Stopp!

Schon gewusst?

Was fressen die denn da? Ist dir schon aufgefallen, dass Meerschweinchen einen Teil ihres Kotes fressen? In diesem weichen, sogenannten „Blinddarmkot" sind wichtige Vitamine und Darmbakterien enthalten. Das Kotfressen ist für dein Meerschweinchen also nicht eklig, sondern lebensnotwendig.

Tipp!

Meerschweinchen sind reinlich und pflegen ihr Fell mehrmals am Tag. Das können sie sehr gut allein. Du brauchst sie eigentlich nicht zu bürsten. Nur bei Langhaar-Meerschweinchen solltest du aufpassen, dass sich das Fell nicht verfilzt.
Manche Meerschweinchen legen sich gerne in den Sand. Baue ihnen doch ein Sandbad in deinem Zimmer.

Dafür brauchst du
Nur eine große, flache Schale und trockenen Chinchillasand aus dem Zoofachgeschäft.

So wird´s gemacht
Fülle den trockenen Sand in die Schale. Da deine Meerschweinchen den Sand aus der Schale werfen werden, solltest du vorher noch ein großes Handtuch unterlegen. Und schon kann es losgehen!

Mit allen Sinnen

Mach mit!
Hier kannst du testen, wie gut die Sinne deines Meerschweinchens sind!

Meerschweinchen haben eine gute Rundumsicht, da ihre Augen seitlich am Kopf sitzen. Sie erkennen auch die Grundfarben Rot, Gelb und Blau. Allerdings können sie nur sehr schlecht räumlich sehen.

Achtung!

Nur nicht hoch hinauf!
Du darfst deine Meerschweinchen nie auf einen Tisch oder das Bett setzen. Sie können Höhenunterschiede nicht abschätzen und würden sich furchtlos in die Tiefe stürzen. Dabei können sie sich schwer verletzen.

sehen

Schmecken

Meerschweinchen sind Feinschmecker. Jedes Tier hat seine Lieblingsspeise. Biete ihnen verschiedene Obst- und Gemüsesorten an. Was fressen sie besonders gern? Trage eine Rangliste von 1 bis 5 in die Kästchen ein.

- ☐ Apfel
- ☐ Gurke
- ☐ geschälte Grapefruit
- ☐ Löwenzahn
- ☐ Leckerei deiner Wahl

In freier Wildbahn haben Meerschweinchen viele Feinde. Sie sind daher eher schreckhafte Tiere, die sich immer in der Nähe eines sicheren Verstecks aufhalten. Ihre Sinnesorgane sind besonders gut entwickelt, um die Tiere vor Gefahren zu warnen. Zwar sind bei unseren Hausmeerschweinchen die Sinne nicht mehr ganz so gut ausgeprägt wie bei ihren wilden Verwandten, sie hören, riechen und schmecken aber immer noch viel, viel besser als wir.

Hören

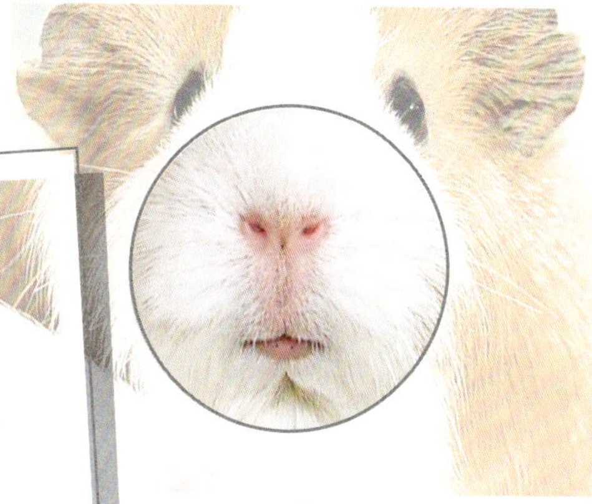

Riechen

Meerschweinchen besitzen einen sehr feinen Geruchssinn, der ihnen auch bei der Orientierung hilft. Zudem benützen sie Duftnoten, um ihr Revier zu markieren. Baue aus Kartons und Holz ein Labyrinth und verstecke Futter darin. Wie lange brauchen deine Meerschweinchen, um die Leckerei zu finden?

Name	Sekunden
Name	Sekunden

Stopp!
Schon gewusst?

Schnurrbart!
Die Tasthaare helfen dem Meerschweinchen Höhleneingänge in der richtigen Größe zu finden. Du darfst die Tasthaare daher niemals abschneiden.

Meerschweinchen haben ein ausgesprochen gutes Gehör. Sie hören sogar hohe Töne, die ein Mensch nicht mehr wahrnehmen kann. Sie erkennen vertraute Menschen schon von Weitem an ihren Schritten. Wie reagieren deine Meerschweinchen, wenn du oder Fremde zum Käfig kommen?

Tasten

Die empfindlichen Tasthaare helfen dem Meerschweinchen bei der Orientierung. Durch sie findet sich das Meerschweinchen sogar im Dunkeln zurecht. Probier´s einmal aus:

- ☐ Mein Meerschweinchen bewegt sich sicher durch das dunkle Zimmer.
- ☐ Mein Meerschweinchen stößt im Dunkeln gegen Möbel und findet den Weg nicht.

Mein Tierarzt:

Gesund oder krank?

So sehr du dich auch um deine Meerschweinchen kümmerst, können sie trotzdem krank werden. Nun ist es wichtig, schnell zu erkennen, was deinen Lieblingen fehlt. Das ist nicht immer leicht, denn Meerschweinchen leiden still. Aber inzwischen kennst du deine kleinen Freunde gut und Veränderungen an ihrem Aussehen und Verhalten werden dir auffallen.

Beim Kuscheln solltest du deine Meerschweinchen täglich auf Krankheitszeichen untersuchen. Wenn irgendetwas nicht stimmt, kann dir dein Tierarzt sicher helfen.

Stopp!

Schon gewusst?

Impfung!
Meerschweinchen müssen nicht geimpft werden. Nur wenn du sie immer draußen hältst, solltest du deinen Tierarzt fragen.

Mach mit!

Dein Meerschweinchen verhält sich auffällig? Ist es krank? Kreuze Zutreffendes an!

Darauf musst du achten:	Gesund		Krank	
Verhalten	munter, aufmerksam	☐	ruhig, lustlos	☐
Augen	klar, glänzend	☐	entzündet, verklebt, tränen	☐
Nase	sauber, trocken	☐	verkrustet, Ausfluss	☐
Fell	glänzend, sauber	☐	ohne Glanz, kahle Stellen	☐
Hinterteil	sauber	☐	kotverschmiert	☐
Appetit	kommt zur Fütterung, isst regelmäßig	☐	isst kaum, verliert Gewicht	☐
Kot	normal geformt	☐	trocken, hart oder Durchfall	☐

Bist du ein Meerschweinchen-Experte?

1. Wie alt können Meerschweinchen werden?

a) ☐ 2 bis 3 Jahre

b) ☐ 15 bis 18 Jahre

c) ☐ 5 bis 8 Jahre

2. Welches Futter kann bei Meerschweinchen Bauchschmerzen verursachen?

a) ☐ Salat und Karotte

b) ☐ Kohl und Klee

c) ☐ Heu und Gurke

3. Wo steht der Meerschweinchenkäfig richtig?

a) ☐ Am Fenster in der Sonne

b) ☐ In einer ruhigen Zimmerecke

c) ☐ Direkt neben der Stereoanlage

4. Wie häufig mache ich den Käfig sauber?

a) ☐ Einmal pro Woche

b) ☐ Einmal im Monat

c) ☐ Wenn ich Lust dazu habe

5. Die Zähne des Meerschweinchens wachsen ständig nach. Welches Futter ist besonders geeignet, um die Zähne auf natürliche Weise abzunutzen?

a) ☐ Karotten und Kohlrabi

b) ☐ Zweige von Obstbäumen

c) ☐ Knusperkekse

Mach mit!

Die richtigen Lösungen findest du auf Seite 44 unten.

Stopp! Schon gewusst?

Meerschweinchenbabys kommen behaart auf die Welt und können sofort sehen. Sie fressen schon in den ersten Tagen selbstständig. Trotzdem werden sie von der Mutter zwei bis drei Wochen lang gesäugt.

6. Meerschweinchen sind Rudeltiere. Sie leben deshalb am liebsten

a) ☐ mit vielen Menschen zusammen.

b) ☐ allein, weil sie gerne ihre Ruhe haben.

c) ☐ mit Artgenossen zusammen, dann haben sie immer einen Spielkameraden.

7. Meerschweinchen haben eine eigene Sprache. Was für Geräusche machen deine Meerschweinchen, wenn sie hungrig sind und um Futter betteln?

a) ☐ Sie brummen und grunzen.

b) ☐ Sie klappern mit den Zähnen.

c) ☐ Sie quieken laut.

8. Alle Meerschweinchen haben ein typisches Merkmal.

a) ☐ Sie haben an der Vorderpfote vier Zehen und an der Hinterpfote drei Zehen.

b) ☐ Sie haben alle lange, wuschelige Haare.

c) ☐ Sie haben einen langen Schwanz.

9. Wie heißt es, wenn ein Meerschweinchen hohe Luftsprünge machen?

a) ☐ Kekseln

b) ☐ Popcornen

c) ☐ Chipsen

10. Aus welchem Land kommen Meerschweinchen?

a) ☐ Südamerika

b) ☐ Italien

c) ☐ Afrika

9 bis 10 richtige Antworten:

Super!
Du bist ein Experte!

Du kennst dich hervorragend aus und bist ein echter Freund für deine Meerschweinchen. Sie sind bei dir bestens aufgehoben und verbringen eine tolle Zeit mit dir.

---

6 bis 8 richtige Antworten:

Hut ab!
Du weißt Bescheid!

Deine Meerschweinchen werden von dir gut versorgt und fühlen sich wohl bei dir. Du weißt, was sie brauchen, und es fehlt nicht mehr viel, dann bist du ein Meerschweinchen-Experte.

---

0 bis 5 richtige Antworten:

Mach dich schlau!

Hast du die Lösungen gelesen? Klasse! Du bist auf dem besten Wege, deine Meerschweinchen richtig gut kennenzulernen und sie so zu versorgen, wie sie es brauchen.

Lösungen: 1c, 2b, 3b, 4a, 5b, 6c, 7c, 8a, 9b, 10a